18 Juin 1904 V

VENTE
par suite de décès
HOTEL DROUOT, SALLE N° 7
Les 18 et 20 Juin 1904
à deux heures

DENTELLES

Anciennes & Modernes

COMMISSAIRE-PRISEUR
Me PAUL CHEVALLIER
10, rue Grange-Batelière

EXPERTS
MM. MANNHEIM
7, rue Saint-Georges.

DENTELLES

ANCIENNES ET MODERNES

CONDITIONS DE LA VENTE

Elle sera faite au comptant.

Les acquéreurs paieront *dix pour cent* en sus des prix d'adjudication.

L'exposition mettant le public à même de se rendre compte de l'état des objets, il ne sera admis aucune réclamation une fois l'adjudication prononcée.

Paris — Imp. Georges Petit. — 14466-04.

CATALOGUE

DES

DENTELLES

Anciennes & Modernes

D'ALENÇON, VALENCIENNES

MALINES, ANGLETERRE, MILAN, VENISE

CHANTILLY, ETC.

DONT LA VENTE, PAR SUITE DE DÉCÈS

AURA LIEU A PARIS

HOTEL DROUOT, SALLE N° 7

Les Samedi 18 et Lundi 20 Juin 1904

A DEUX HEURES

COMMISSAIRE-PRISEUR	EXPERTS
Me PAUL CHEVALLIER	**MM. MANNHEIM**
10, Rue Grange-Batelière, 10	*7, Rue Saint-Georges, 7*

EXPOSITION PUBLIQUE

Le Vendredi 17 Juin 1904, de 1 h. 1/2 à 5 h. 1/2.

ORDRE DES VACATIONS

Le Samedi 18 Juin 1904.

Le Lundi 20 Juin 1904.

DÉSIGNATION

Dentelles blanches anciennes

1 — Plusieurs coupes d'ancienne Valenciennes, variées de dessins.

2 — Dix mètres d'ancienne Valenciennes, variés de dessins.

3 — Plusieurs coupes d'ancienne Valenciennes, à dessins variés.

4 — Petit col et devant de corsage en ancien Alençon en partie réappliqué.

5 — TROIS MÈTRES d'ancien Alençon bas en partie réappliqué.

6 — UN MÈTRE SOIXANTE-QUINZE ancien Alençon.

7 — CINQ MÈTRES SOIXANTE-DIX ancien point d'Alençon, en plusieurs coupes et du même dessin que le numéro 19.

8 — DEUX MÈTRES ancien point d'Alençon, en plusieurs coupes.

9 — TROIS MÈTRES VINGT-CINQ ancien Alençon, avec parties réappliquées.

10 — DEUX MÈTRES CINQUANTE ancien point d'Alençon, en plusieurs coupes.

11 — DEUX MORCEAUX semblables au point précédent.

12 — DIX MÈTRES ancien point d'Alençon en plusieurs coupes.

13 — Cinq mètres soixante-dix ancien point d'Alençon.

14 — Quatre mètres quatre-vingt-dix ancien point d'Alençon.

15 — Huit mètres quarante ancien point d'Alençon, en plusieurs coupes.

16 — Dix mètres vingt-cinq ancien point d'Alençon, en plusieurs coupes.

17 — Vingt et un mètres point d'Alençon du temps de Louis XVI, en plusieurs coupes et en deux hauteurs.

18 — Neuf mètres de vieil Alençon, réseau fin, à double dessin et en plusieurs coupes.

19 — Quatre mètres sur soixante-cinq, volant d'ancien point d'Alençon.

20-21 — Deux morceaux d'ancien point d'Argentan.

22 — Un mètre quarante d'ancienne dentelle de Malines. En plusieurs coupes.

23 — Cinq mètres trente d'ancienne dentelle de Malines en plusieurs coupes et à dessins variés.

24 — Trois mètres cinquante d'ancienne dentelle de Malines en deux coupes.

25 — Deux mètres soixante d'ancienne Malines en plusieurs coupes et deux dessins.

26 — Huit mètres soixante d'ancienne Malines.

27 — Sept mètres quatre-vingts de dentelle de Malines du temps de Louis XV. En plusieurs coupes.

28 — DEUX MÈTRES ancienne Malines. En deux coupes.

29 — PLUSIEURS COUPES d'ancienne Malines.

30 — HUIT COUPES d'ancienne Malines.

31 — DIX MÈTRES dentelle de Malines du temps de la Restauration.

32 — DEUX MÈTRES Malines Louis XVI.

33 — DEUX MÈTRES SOIXANTE-DIX Malines Louis XV.

34 — DOUZE MÈTRES d'ancienne guipure d'Angleterre. En plusieurs coupes.

35 — SIX MÈTRES ancien point d'Angleterre. En plusieurs coupes.

36 — FICHU en ancien point d'Angleterre.

*

37 — Douze mètres cinquante d'ancienne dentelle d'Angleterre. En huit coupes.

38 — Deux mètres quatre-vingts ancienne dentelle d'Angleterre.

39 — Trois mètres soixante ancienne dentelle d'Angleterre du temps de Louis XV.

40 — Mantelet en point d'Angleterre, du temps de Louis XV, avec parties réappliquées.

41 — Deux mètres quatre-vingts, volant d'ancien point d'Angleterre.

42 — Cinq mètres quatre-vingts, ancien point d'Angleterre.

43 — Dix mètres soixante d'ancienne guipure d'Angleterre en deux coupes.

44 — Trois mètres vingt-cinq sur soixante-cinq de point d'Angleterre Louis XV.

45 — Berthe et deux manches, même dentelle.

46 — Trois paires de quilles et deux paires de manches, dentelle d'Angleterre Louis XVI.

47 — Écharpe ancienne dentelle d'Angleterre.

48 — Jupe en ancienne dentelle d'Angleterre.

49 — Trois mètres ancienne dentelle d'Angleterre.

50 — Six mètres quatre-vingt-dix sur quarante-cinq centimètres de haut, ancien point d'Angleterre. En deux coupes.

51 — Huit mètres d'ancien point d'Angleterre en plusieurs coupes.

52 — Quatre mètres cinquante ancien point d'Angleterre en plusieurs coupes.

53 — Jupe en ancienne application d'Angleterre.

54 — Deux pièces semblables à la jupe précédente.

55 — Six mètres cinquante de point d'Angleterre, du temps de Louis XVI, à dessin de vases de fleurs, de rinceaux et de fleurettes.

56 — Un mètre cinquante de point d'Angleterre à dessin de vases de fleurs. Époque Louis XVI.

57 — Voile en point d'Angleterre du commencement du xixe siècle.

58 — Voile Empire en application d'Angleterre.

59 — Cinq mètres sur trente ancienne guipure d'Angleterre.

60 — Cinq coupes de guipure Renaissance italienne.

61 — Deux manches ancienne guipure à bride.

62 — Quatre mètres en trois coupes en ancienne guipure d'Angleterre.

63 — Trois mètres ancienne guipure de Milan en trois coupes.

64 — Quatre mètres vingt-cinq ancienne guipure de Milan.

65 — Six morceaux variés, ancienne guipure de Milan.

66 — Cinq mètres quarante ancienne guipure de Milan.

67 — Trois mètres cinquante sur cinquante centimètres ancienne guipure de Milan.

68 — Onze mètres ancienne guipure de Milan.

69 — Deux mètres guipure semblable.

70 — Sept mètres quarante en quatre coupes. Ancienne guipure de Milan.

71 — Cinq mètres en quatre coupes ancienne guipure de Milan.

72 — Col en ancienne guipure de Milan.

73 — Trois mètres cinquante sur vingt-cinq ancienne guipure de Milan.

74 — Quatre mètres quatre-vingt-dix sur vingt-cinq ancienne guipure de Milan.

75 — Six mètres ancienne guipure de Milan.

76 — Trois mètres quarante ancienne guipure de Milan

77 — Un mètre soixante guipure plate de Venise, en deux coupes.

78 — Carré en ancienne guipure de Venise.

79 — Deux mètres quatre-vingts ancienne guipure de Venise avec sa dent de quatre-vingts centimètres de point de Venise également.

80 — Deux pièces ancienne guipure de Venise.

81 — Pèlerine ancienne guipure de Venise.

82 — Un mètre soixante-dix ancienne guipure de Venise à reliefs.

83 — Deux mètres quatre-vingts ancienne guipure de Venise à reliefs.

84 — Deux mètres trente ancienne guipure plate de Venise.

85 — Fichu en ancienne guipure de Venise.

86 — Pèlerine en ancienne guipure plate de Venise.

87 — Corsage en ancienne guipure plate de Venise.

88 — Deux mètres soixante ancienne guipure plate de Venise.

89 — Deux mètres cinquante ancien Venise point à la rose, en trois coupes.

90 — Quatre mètres ancienne dentelle de Venise en trois coupes : Fleurs.

91 — Sept mètres cinquante sur trente centimètres guipure plate de Venise, rinceaux et oiseaux.

92 — Volant d'ancien point de Venise à reliefs à fleurs ; trois mètres trente sur cinquante-cinq centimètres.

93 — Volant semblable au précédent, trois mètres en deux coupes sur trente centimètres.

94 — Berthe et deux engageantes, même dentelle.

95 — Petite écharpe et mouchoir ancien Burano genre Alençon.

96 — Sous ce numéro, dessus de lits, napperons, etc., en anciennes guipures variées. Seront divisés.

97 — Deux mètres ancienne dentelle espagnole.

98 — Deux mètres soixante-cinq d'ancienne binche. En plusieurs coupes.

99 — Trois mètres ancien point à l'aiguille. En plusieurs coupes.

100 — Quatre mètres ancien point à l'aiguille.

101 — Dix mètres soixante ancien point à l'aiguille. En plusieurs coupes.

102 — Vingt mètres ancien point à l'aiguille. En plusieurs coupes.

103 — Dix-sept mètres ancien point à l'aiguille. En plusieurs coupes.

104 — Neuf mètres soixante ancienne guipure à bride. En sept coupes.

Dentelles blanches modernes

105 — Huit mètres sur douze centimètres, Valenciennes. En plusieurs coupes.

106 — Trente mètres, Valenciennes. En plusieurs coupes.

107 — Onze mètres trente centimètres sur douze centimètres, Valenciennes.

108 — Quatre mètres soixante sur dix-sept centimètres, Valenciennes. En plusieurs coupes.

109 — Onze mètres quarante sur dix centimètres, Valenciennes. En plusieurs coupes.

110 — Huit mètres cinquante sur quinze centimètres, Valenciennes. En plusieurs coupes.

111 — Vingt-cinq mètres sur dix-sept centimètres, Valenciennes. En plusieurs coupes.

112 — Dix mètres, Valenciennes. En plusieurs coupes.

113 — Vingt et un mètres, Valenciennes. En plusieurs coupes.

114 — Douze mètres, Valenciennes, sur treize centimètres. En plusieurs coupes.

115 — Treize mètres, Valenciennes. En plusieurs coupes.

116 — Dix-sept mètres cinquante, Valenciennes. En plusieurs coupes.

117 — Six mètres cinquante Valenciennes, en plusieurs coupes.

118 — Onze mètres trente Valenciennes en plusieurs coupes et deux dessins.

119 — Quatre mètres cinquante Valenciennes à dessin d'aigles d'Empire.

120 — Cinq mètres Valenciennes, en plusieurs coupes.

121 — Deux mètres cinquante Valenciennes.

122 — Trois mètres vingt Valenciennes.

123 — Deux mètres soixante-quinze Valenciennes.

124 — Neuf mètres quarante Valenciennes.

125 — Six mètres Valenciennes, en plusieurs coupes.

126 — Plusieurs coupes Valenciennes, à dessins variés.

127 — Plusieurs coupes Valenciennes, dessins variés.

128 — Plusieurs coupes Valenciennes, variées de dessins.

129 — Plusieurs coupes Valenciennes, variées de dessins.

130 — Plusieurs coupes Valenciennes, variées de dessin.

131 — Plusieurs coupes Valenciennes, variées de dessins.

132 — Plusieurs coupes Valenciennes variées.

133 — Jaquette en dentelle duchesse.

134 — Volant en Valenciennes et duchesse mesurant neuf mètres trente-cinq sur trente-trois, avec deux mètres vingt de garniture.

135 — Quinze mètres dentelle duchesse.

136 — Plusieurs coupes de point de Gênes et de Malines.

137 — Quatre mètres application de Bruxelles.

138 — Neuf mètres application de Bruxelles et point à l'aiguille. En plusieurs coupes et deux hauteurs.

139 — VINGT-DEUX MÈTRES d'application d'Angleterre sur réseau de Malines. En plusieurs coupes et de hauteurs différentes.

140 — PLUSIEURS COUPES application d'Angleterre et entre-deux de Bruxelles.

141 — POINTE en application de Bruxelles.

142 — JUPE en application de Bruxelles.

143 — FICHU ET MANCHES semblables à la jupe précédente.

144 — DOUZE MÈTRES SOIXANTE application de Bruxelles et point à l'aiguille. En plusieurs coupes.

145 — ROTONDE en application de Bruxelles et point à l'aiguille.

146 — PLUSIEURS COUPES application de Bruxelles, Malines, point à l'aiguille.

147 — Plusieurs coupes application de Bruxelles et point à l'aiguille.

148 — Douze mètres trente-cinq application de Bruxelles. En plusieurs coupes et de hauteurs variées.

149 — Plusieurs coupes, application de Bruxelles.

150 — Plusieurs coupes, application de Bruxelles.

151 — Écharpe en application de Bruxelles.

152 — Robe princessse en application de Bruxelles et point à l'aiguille.

153 — Jaquette en application de Bruxelles et point à l'aiguille.

154 — Cinq mètres, application d'Angleterre.

155 — Deux mètres soixante-quinze application d'Angleterre et trois mètres point à l'aiguille.

156 — Sept mètres quatre-vingts application d'Angleterre et point à l'aiguille.

157 — Onze mètres application d'Angleterre, en plusieurs coupes.

158 — Huit mètres cinquante sur cinquante centimètres application d'Angleterre et point à l'aiguille.

159 — Plusieurs coupes, garnitures du numéro précédent.

160 — Huit mètres application d'Angleterre et point à l'aiguille.

161 — Six mètres et six mètres soixante-dix en deux hauteurs et plusieurs coupes, application d'Angleterre et point à l'aiguille.

162 — Huit mètres sur soixante centimètres application d'Angleterre, en plusieurs coupes.

163 — Plusieurs coupes, garnitures du numéro précédent.

164 — Onze mètres cinquante application d'Angleterre.

165 — Berthe semblable au numéro précédent.

166 — Plusieurs coupes application d'Angleterre et point à l'aiguille.

167 — Plusieurs coupes application d'Angleterre.

168 — Plusieurs coupes application d'Angleterre et point à l'aiguille.

169 — Lot de point à l'aiguille, application, duchesse, etc.

170 — Deux voilettes en application d'Angleterre.

171 — COL et deux paires de manches en Irlande et guipure genre Venise.

172 — COL, tablier et garniture de robe en guipure genre Venise.

173 — PLUSIEURS COUPES de Cluny.

174 — VOILETTE en application et point à l'aiguille.

175 — LOT de point à l'aiguille, application, etc.

176 — SIX MÈTRES point à l'aiguille, en plusieurs coupes.

177 — QUATRE MÈTRES point à l'aiguille en plusieurs coupes et de hauteurs différentes.

178 — QUINZE MÈTRES point à l'aiguille et deux mètres cinquante, duchesse.

179 — POINTE en point à l'aiguille.

180 — DEUX VOLANTS de point à l'ai-

guille, sept mètres sur cinquante centimètres.

181 — Voile pouvant accompagner les volants précédents.

182 — Cinq mètres dentelle basse semblable.

183 — Deux volants de point à l'aiguille mesurant sept mètres quatre-vingts centimètres.

184 — Lot de dentelles variées.

185 — Lot de dentelles variées.

186 — Lot de blonde et imitation de couleur blanche.

Dentelles noires

187 — Six mètres quatre-vingts dentelle noire de Chantilly.

188 — Sept mètres cinquante, garniture pendant du numéro précédent.

189 — HUIT MÈTRES CINQUANTE Chantilly, plus sept mètres garniture.

190 — SIX MÈTRES TRENTE-CINQ Chantilly.

191 — CHALE carré Chantilly.

192 — ONZE MÈTRES Chantilly.

193 — DEUX FICHUS Chantilly.

194 — GRAND VOILE et fichu Chantilly.

195 — FICHU et plusieurs coupes Chantilly.

196 — PLUSIEURS COUPES Chantilly.

197 — PLUSIEURS COUPES Chantilly.

198 — FICHU Marie-Antoinette Chantilly.

199 — LOT de dentelles et guipures de Chantilly.

200 — CORSAGE ET VOLANT de Chantilly.

201 — SEIZE MÈTRES CINQUANTE Chan-

tilly, en plusieurs dessins, et deux mètres cinquante, dentelle plus basse.

202 — Jupe Chantilly.

203 — Neuf mètres cinquante et une garniture. Chantilly.

204 — Deux mètres quatre-vingts et plusieurs coupes. Chantilly.

205 — Dix mètres vingt et garniture. Chantilly.

206 — Grande pointe Chantilly.

207 — Neuf mètres et garniture. Chantilly.

208 — Garniture de robe Chantilly.

209 — Rotonde avec sa garniture. Chantilly.

210 — Huit mètres quatre-vingts et garniture. Chantilly.

211 — Pointe Chantilly.

212 — Jupe Chantilly.

213 — Chale long Chantilly.

214 — Cinq mètres soixante Chantilly.

215 — Quatre mètres quarante-cinq sur soixante-dix centimètres avec garnitures. Chantilly.

216 — Quatorze mètres Chantilly.

217 — Deux mètres soixante-dix et fichu. Chantilly.

218 — Sept mètres Chantilly.

219 — Sept mètres quatre-vingts et fichu. Chantilly.

220 — Mantelet et fichu. Chantilly.

221 — Chale et fichu. Chantilly.

222 — Pointe, blonde et Chantilly.

223 — Six mètres volant et pointe. Chantilly.

224 — Mantelet Chantilly.

225 — Fichu Chantilly.

226 — Chale double pointe et garniture. Chantilly.

227 — Plusieurs coupes et corsages. Chantilly.

228 — Écharpe en blonde noire d'Espagne.

229 — Autre doublée de blanc.

230 — Mantille même dentelle.

231 — Lot de blonde noire et imitation.

232 — Lot de blonde noire.

233 — Lot de blonde noire et imitation.

234 — Lot de blonde noire imitation de Chantilly, etc.

235 — Lot de dentelles noires variées.

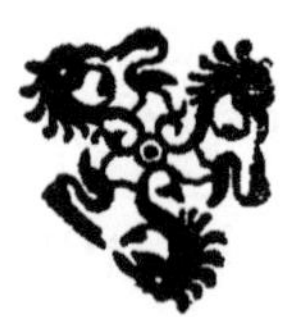

www.ingramcontent.com/pod-product-compliance
Ingram Content Group UK Ltd.
Pitfield, Milton Keynes, MK11 3LW, UK
UKHW021930190726
13853UKWH00002B/968